AF349497

DES INTÉRÊTS

DES PUISSANCES;

PAR ESCHASSERIAUX aîné.

Tout a changé, tout doit changer encore.
Raynal, *Hist. polit. & philof.*

Toutes les efpérances, toutes les craintes, font attachées dans ce moment fur le congrès de Raftadt. Le monde entier demande la paix à cette affemblée. Son heureux génie triomphera enfin de tous les obftacles, des oppofitions & des intrigues étrangères : la main puiffante de la néceffité fermera le temple de la guerre aux belligérans. Mais tout ce qu'il y a d'hommes d'état impartiaux ne forme aujourd'hui qu'un vœu, c'eft que ce congrès, devenu inacceffible aux infpirations qui ont allumé la guerre & qui agitent tout pour la rallumer encore, pénètre profondément la fituation des affaires, & ne fe fépare pas fans avoir fondé la véritable plaie de l'Europe.

Le temps préfent eft plein d'illufions pour les puiffances ; une politique aveugle les arme contre leurs intérêts mêmes : il faut ici jeter devant elles la lueur de quelques vérités, afin qu'elles ne s'égarent pas à pourfuivre un objet pour un autre.

Un nouvel état a fuccédé à l'ancien état de chofes ; tout eft changé fur le continent ; les rapports de l'ordre politique

A

ancien n'exiftent plus ; des puiffances ont difparu, de nouveaux peuples ont pris rang, d'autres ont agrandi l'enceinte de leurs limites ; la guerre a refferré les limites de quelques autres ; la moitié du continent eft régi par d'autres conftitutions & d'autres opinions politiques. Un nouvel équilibre s'eft formé ; l'agrandiffement de la République françaife & la naiffance des Républiques italiques au midi ont rétabli une balance que la deftruction de la Pologne avoit renverfée au nord de l'Europe. Le traité de Campo-Formio & les préliminaires de Raftadt ont pofé de nouvelles bornes & achevé de régler les droits & les intérêts des principales puiffances belligérantes. La garantie & la durée de la paix font dans la confolidation de cet ordre de chofes, dans l'état de fatigue & d'épuifement où fix ans d'hoftilités ont laiffé l'Europe : après que la guerre a dévoré deux millions d'hommes, plus de fix milliards aux puiffances belligérantes, détruit & coupé les fources, les relations commerciales de toutes, quel eft la main du négociateur qui ne trembleroit pas de figner une nouvelle coalition, ou une continuation d'hoftilités, qui acheveroit de détruire pour un fiècle tout ce qu'il y a de puiffance & de profpérité, & qui feroit l'armement terrible d'une moitié du continent contre l'autre ? Quelle puiffance peut compter fur la fortune des combats, & ne trouveroit pas fa ruine dans leurs fuccès mêmes ? La guerre républicaine eft le conducteur électrique des révolutions ; la paix doit être la politique profonde des états. La guerre feroit le délire des cabinets, le chef-d'œuvre des crimes, & le triomphe de celui qui s'eft enrichi, qui s'enrichiroit encore de leurs fanglans débats & de leurs dépouilles.

Négociateurs, vous difputez à la République françaife quelques îles d'un fleuve, & la démolition réciproquement avantageufe de quelques forts ; & un ennemi commun, fous l'apparence de votre sûreté commune, vous entraîne à votre ruine, & on vous a enlevé la propriété des mers. Reportez-vous fur cet élément : c'eft là que l'intérêt général doit rétablir un autre équilibre, fans lequel celui du continent ne feroit qu'une trompeufe chimère, & toute pacification illufoire. Du fond des cabinets où vous traitez la paix, lifez cette infcription fameufe gravée dans Londres : « Ce-» lui qui tient le fceptre des mers, tient le fceptre du » monde ». Voilà le moment d'effacer cette maxime, que l'ambition a confacrée à la tyrannie & à la honte éternelle des puiffances maritimes. Voulez-vous fonder une paix durable, vous que le befoin d'une pacification générale appellera à prononcer fur le fort futur des peuples ? Loin de vous cette politique, qui n'a jamais devant les yeux que l'horizon des événemens du jour ; n'appartenez ici à aucune puiffance, à aucun gouvernement, à aucune préven-tion nationale. Un traité qui doit pacifier le monde dans le préfent & dans l'avenir, ne doit être dicté par aucune paffion, par aucun intérêt contemporains.

S'il étoit une nation qui, appelée par fa population & fes moyens, à n'être qu'en feconde ligne dans le fyftême actuel de l'Europe, & à jouer un rôle paifible parmi les puiffances, fût arrachée de fa place naturelle pour être pouffée par un gouvernement ambitieux dans tous les excès & les abus de la domination, une nation qui eût envahi pour elle feule le commerce & les richeffes de toutes les parties du globe ; pofé des poftes militaires fur toutes les mers, fur les principales communications du monde ; afservi la navigation, le fol, les manufactures & les capitaux des autres peuples par fa tyrannie navale, fon fyftême de prohi-bition, fes traités & fes lois commerciales ; dont la poli-tique fût d'agiter le continent ; l'intérêt d'y naturalifer la guerre pour s'enrichir dans la ruine générale : s'il étoit une nation qui eût reffufcité fur les mers ces tyrans du onzième fiècle, qui du haut de leurs fortereffes, repaires de leur brigandage, opprimoient, dévaftoient les chemins & les campagnes, le commerce & les voyageurs ; un gouvernement qui eût fait de l'efclavage de ce fiècle affreux, le fyftême & l'inftrument de fa profpérité dans les colonies..... négociateurs,

A 2

eh bien ! cette nation exifte, ou plutôt ce gouvernement : c'eft l'Angleterre. Parcourez la carte géographique ; il n'eft aucune partie de la terre qui ne foit marquée par une ufurpation, opprimée par la domination de cette puiffance. C'eft elle qui tient l'entrée des trois mers les plus commerciales du monde ; la Baltique, par fon influence fur les cabinets du Nord ; la Méditerranée, par Gibraltar ; la mer des Indes, par le cap de Bonne-Efpérance. Dans l'Inde, qu'y voyez-vous ? vingt princes fermiers de l'Angleterre : ce vafte pays, non pas exploité comme une propriété, mais dévoré comme une proie. En Europe le Portugal, le Bréfil en Amérique, devenus des colonies anglaifes & verfant périodiquement leur or dans la Tamife ; cet or changé dans les mains de Londres en un levain fatal avec lequel elle entraîne, ébranle le continent ; un acte trop célèbre chaffant des ports de l'Angleterre le commerce & les vaiffeaux étrangers ; la mer fans liberté, la navigation fans droit public maritime ; une île feule, l'entrepôt des dépouilles de l'univers.

Négociateurs, prononcez : quel équilibre, quelle paix, quelle profpérité peut efpérer le monde dans cet état de chofes ? & quel doit être l'intérêt & la politique des gouvernemens ? doivent-ils le tolérer plus long-temps ? Non, il n'y aura de paix, d'équilibre & de profpérité, tant que cette épouvantable domination ne recevra ni frein ni limite ; tant qu'on n'aura pas arraché des mains du gouvernement anglais fes moyens d'ufurpation, de corruption & de tyrannie ; tant que le Bengale & l'Indouftan ne feront pas affranchis du joug qui les affervit & les opprime. L'affranchiffement d'un des plus riches marchés du monde eft la caufe du commerce général, du droit des gens, l'intérêt de toutes les puiffances.

L'équilibre ne fera rétabli que lorfque le Portugal reprendra fa liberté, fa navigation, l'exploitation de fon agriculture, de fes manufactures & de fes mines, & que quelque homme d'état, animé du génie de Pombal, aura brifé les fers de fa patrie, & lancé fa nation à l'indépendance.

Lorfque Gibraltar & le cap de Bonne-Efpérance rentreront sous la domination de leurs possesseurs naturels, l'Espagne & la Hollande : les grands passages du commerce du monde doivent être libres pour tous les peuples industriels. Les boulevards de la nature doivent servir à la défense des peuples qui habitent leurs sommets, mais ne doivent point être le repaire de la tyrannie. Les caps ne sont pas destinés à opprimer les mers, mais à servir d'asyle contre les tempêtes & les naufrages aux peuples navigateurs. S'il existe jamais un droit public maritime, c'est dans les traités que ces vérités doivent être enfin solemnellement proclamées, consignées.

Le despotisme qui pèse sur le monde entier, ne cessera, il n'y aura de paix, d'équilibre & de prospérité, que lorsque chaque puissance, chaque nation, aura repris ses droits & la portion que la nature lui a départie dans le domaine général de la propriété & de l'industrie, la liberté de son commerce & de la navigation :

Que lorsqu'au Nord le Danemarck & la Suède se réuniront pour défendre dans leurs mers leur indépendance politique & commerciale contre la Russie & l'Angleterre :

Lorsque la Hollande, sortant de ses crises politiques & se hâtant de recréer ses forces navales, aura reconquis ses anciennes possessions :

Que la Prusse, cette barrière importante du Nord depuis la disparition de la Pologne, aura donné à sa marine tout le développement qu'elle peut acquérir aujourd'hui dans la Baltique, d'après la réunion des provinces maritimes de la Pologne à son territoire :

Que lorsque l'Espagne dans le Midi aura commencé à entrevoir sa prospérité dans sa régénération, sa puissance dans l'énergie qu'elle eut au temps de Charles-Quint, sa force dans son alliance avec ses amis naturels :

Lorsque les républiques italiques auront resaisi dans le Levant & la Méditerranée l'activité industrieuse & le génie commercial que leurs peuples déployèrent avant le treizième siècle :

Quand la France enfin, à qui la nature semble avoir donné la mission de maintenir la liberté des mers, aura fondé son système maritime & colonial sur des principes analogues à ses vastes moyens & à sa position, à l'étendue de son territoire, & repris sur les mers sa place naturelle.

Il faut tout dire : il n'y aura de paix & d'équilibre que lorsque l'on sentira cette vérité, que ce sont les mers qui exploitent la terre ; que tant qu'il y a oppression sur cet élément, il y a oppression sur l'agriculture, sur le commerce, sur l'industrie des autres peuples, & qu'il n'y a plus de développement dans leurs facultés industrielles, plus de richesses, sans l'entière liberté des mers, & que c'est dans cette liberté que consiste l'équilibre politique ;

Que lorsqu'enfin, par une volonté unanime & ferme, toutes les puissances auront détruit tout système de monopole, d'exclusion & de prohibition, qui desèche & détruit toutes les sources du commerce, qui arme les rivages contre les rivages, les peuples contre les peuples, les gouvernemens contre les gouvernemens, qui tue dans les entrailles de la terre & au fond des ateliers le germe des produits que l'industrie libre de l'homme en eût fait sortir.

On a cherché la cause de tant de guerres & de haines nationales qui ont ensanglanté les mers & le continent. La voilà : c'est elle qui enfanta les guerres à mort que se firent les Carthaginois & les Romains ; c'est ce système qui inspiroit Hannon, lorsque dans la négociation qui précéda le traité de la première guerre punique, il déclara aux Romains qu'il ne souffriroit pas seulement qu'ils se lavassent les mains dans les mers de Sicile. Il semble que c'est le génie de Cromwel qui a dicté les clauses des premiers traités de Carthage avec Rome.

On a dit qu'un conquérant n'imposa aux peuples qu'il avoit vaincus d'autre condition que celle d'abolir les sacrifices de sang humain. L'affranchissement des noirs dans les colonies anglaises doit être aussi une des conditions essentielles d'une pacification générale : la liberté & l'esclavage accollés l'un à l'autre dans le nouveau monde, ce monstrueux assemblage que le génie de la civilisation, que la hauteur des lumières de ce siècle ne peuvent tolérer plus long-temps, seroit un éternel sujet d'embrasement dans toute l'étendue des colonies américaines, de trouble & de destruction pour le commerce européen ; ces deux élémens, l'un fortifie par les principes de la France, l'autre nourri dans le cœur de l'Angleterre par l'espoir de détruire nos colonies, ne peuvent plus subsister ensemble sans produire des explosions continuelles dans le nouveau continent, & jeter des éclats de guerre dans l'ancien. L'abolition de l'esclavage doit être la pensée, l'intérêt même de tous les gouvernemens ; il est temps que la politique, qui, dans les siècles éclairés, ne doit être que la justice, expie, par cet acte solemnel, tous les pactes que la tyrannie & la force ont stipulés contre la nature humaine ; & lorsque tous les peuples par un accord magnanime auront proclamé la liberté des noirs, & renoncé, en faveur de l'humanité, aux profits d'un trafic infame, ils ne doivent pas permettre qu'un seul gouvernement élève sa puissance sur les malheurs d'une race d'hommes & sur l'asservissement d'une des parties du monde.

C'est en vain que la politique anglaise multipliera les obstacles à cette liberté : si elle ne l'appelle pas, elle viendra comme la foudre ; elle est dans le présent, elle est dans l'avenir, dans les sentimens, dans les opinions, dans les progrès actuels de la civilisation ; elle sera un jour dans les intérêts de toutes les puissances : si elle est comprimée, elle éclatera, elle sera une révolution irrésistible. Le décret qui a brisé les chaînes des esclaves des colonies françaises a retenti dans toute l'Amérique, dans le fond de l'Afrique sauvage & sur les bords du Gange : le triple empire de la superstition, du despotisme & de la barbarie, qui a brisé dans ces parties du monde le ressort de l'esprit humain, sera détruit un jour ; la nature & la force de l'opinion seront plus fortes que toutes les institutions de la tyrannie, & que la science machiavélique des hommes d'état. Pour ceux qui suivent la course du monde politique, cet avenir est déja devant nous ; les gouvernemens doivent le préparer par leurs traités : sans cette politique, les événemens viendront au devant des traités, & faire ce que ces derniers n'auront ni prévu ni préparé.

Négociateurs, voilà des considérations importantes auxquelles vous devez vous élever : vous feriez mille traités, sans elles c'est en vain que vous aurez stipulé la paix de votre patrie & celle du monde ; la postérité vous accusera d'avoir manqué de génie, de n'avoir pas vu les affaires de votre siècle avec assez de profondeur, d'avoir laissé le germe de la guerre dans le sein des générations futures.

Des écrivains, prenant des desirs bien légitimes pour la réalité, représentent l'Angleterre sur le bord d'un abyme où doivent s'engloutir son crédit avec sa puissance maritime, coloniale & commerciale. Illusion trompeuse, qui ne peut qu'inspirer une sécurité dangereuse aux autres nations ! La grandeur colossale de l'Angleterre est dans ses moyens & dans son système politique ; tant que la force ou les traités n'auront point enlevé à cet état de choses ce qu'il a de nuisible à la prospérité & à la tranquillité des autres peuples, l'Angleterre ne cessera de tourmenter & d'ensanglanter le globe. Qu'on ne vienne pas soupçonner la République française de vouloir couvrir ici son agrandissement & des projets d'ambition peut-être, en dévoilant les dangers de la domination anglaise & démontrant la nécessité de faire rentrer cette puissance dans son ordre naturel.

Long-temps la France, sacrifiée à des intérêts étrangers, vendue & trahie par les ministres & les intrigues d'une cour corrompue, sans état militaire & sans alliance (1), a pu rester

(1) La puissance fédérative d'un peuple est fondée sur un bon état militaire & un bon état de finances : un peuple qui jouit de ce double avantage, trouve autant d'alliés qu'il veut. C'est parce qu'elle n'eut ni état militaire ni finances, que la France avoit perdu, sous les derniers temps de la monarchie, toute considération & toute influence au dehors. Elle sacrifia, dans ses derniers traités, ses alliés les plus fidèles a ses ennemis naturels. Cette

condamnée pendant plus d'un demi-siècle à une nullité ab-
solue, & laisser le champ libre aux entreprises des cabinets.
La révolution a changé son état politique ; elle ne fait que
reprendre aujourd'hui ses moyens, ses droits & sa place naturelle en Europe. C'est moins des conquêtes qu'elle a faites
autour d'elle que la reprise de quelques provinces démem-
brées de son antique territoire. Ce n'est point elle qu'on accusera d'avoir partagé la Pologne, d'avoir envahi la Crimée
& la mer Noire : elle n'a détrôné pour elle aucune puissance ; elle a créé cinq républiques ; elle veut l'indépendance
de tous les états, & ne souffrira l'oppression d'aucun.

Quelle négociation que celle qui sauroit embrasser l'ensemble
de tant d'intérêts, & les juger sans passions! Quel plus beau
moment de sanctifier le génie de la politique & d'immortaliser
le nom des négociateurs! Il n'est point d'époque dans l'his-
toire des différens des peuples où les négociations aient eu
un but aussi sublime : ce n'est point une partie du globe,
c'est le monde entier à pacifier ; ce n'est point quelques îles
du Rhin seulement, ce sont les intérêts de l'Europe qui
doivent entrer dans la balance des négociations. Jusqu'ici
les négociateurs n'ont vu que l'intérêt présent de leurs puissances ; l'ensemble politique, l'avenir, l'intérêt général leur
est échappé. Presque toutes les guerres qui ont dévoré l'Europe sont nées de l'imprévoyance des négociations. Les hos-
tilités éteintes par un traité sur une partie de l'Europe, se
rallumoient bientôt sur une autre : la hache de la guerre,
qu'une politique heureuse devoit enfouir à cent brasses de
profondeur, restoit à la surface, & étoit saisie par la puissance
qui avoit conçu le premier mouvement d'ambition, & repris
la première les moyens de vengeance.

---

politique, ouvrage d'un ministère inepte, la fit descendre au rang
des troisièmes puissances en influence diplomatique.

Je dirai un jour sur quelles bases & sur quels principes la République doit fonder ses alliances, & quels alliés dans l'Europe il
lui importe de s'attacher ; quel doit être enfin son système politique
sous tous les rapports d'un peuple agricole, commerçant & guerrier.

Le traité de Weftphalie a pacifié l'Allemagne; celui des Pyrénées, l'Efpagne & la France ; Riswik, la Hollande; celui d'Aix - la - Chapelle a défarmé pour un moment une partie des puiffances de l'Europe; Raftadt va finir de pacifier le continent pour cet inftant : mais les mers, mais l'avenir, quels feront les traités qui auront la gloire de préparer ce grand ouvrage ? Aucun jufqu'ici n'a éloigné les fanglantes époques des différens ; aucun n'a prononcé fur les intérêts & les deftinées de l'Europe entière : l'étonnante révolution qui vient d'ébranler & d'étonner le monde doit porter enfin dans tous les cabinets les lumières d'une politique plus agrandie que celle qui a figné jufqu'ici les grandes pacifications. Qu'importeroit d'éteindre un des foyers de la guerre, fi les élémens qu'on laifferoit fubfifter encore peuvent reproduire dans dix ans de nouvelles explofions ?

De grandes vérités politiques, un meilleur ordre, un avenir plus heureux, font encore cachés fous le fombre voile des préventions, des haines nationales, de l'ambition & de l'orgueil de quelques hommes d'état. C'eft dans ce moment que ces vérités doivent paroître dans tout leur éclat, & avertir tous les intérêts ; c'eft à la République françaife qu'il appartient de les prononcer pour le bonheur du monde & le fien propre. Heureufe, fi, après avoir pacifié, par fa politique profonde, l'âge préfent & les fiècles à venir, fe repofant majeftueufement au milieu de fes alliés dans les limites que lui ont tracées fon génie & fa valeur, contente de fes deftinées de gloire & de puiffance, elle ne paroît plus que pour donner l'exemple, non pas de cette politique ambitieufe, l'élément de tous les forfaits, de tous les malheurs des peuples, mais de cette politique heureufe où fe trouvent toutes les idées & les fentimens de grandeur, de magnanimité, de force & de juftice ! Quel contrafte avec ces puiffances modernes, qui n'ont acquis leur domination que par des crimes, n'ont marché à la grandeur que fur des ruines & à travers le fang des peuples ! Quel contrafte avec ces nations de l'antiquité, dont les noms font demeurés célèbres, mais qui ont plus étonné l'univers qu'ils ne l'ont rendu heureux, & qui ont paſſé ſur la terre avec le bruit de ces torrens qui vont s'engloutir dans des abymes ! Le philoſophe & le politique peuvent admirer un inſtant les décombres de ces antiques états ; mais ce n'eſt point là qu'ils doivent fouiller pour y trouver des plans de la félicité humaine, un ordre ſocial conſtamment proſpère.

BAUDOUIN, Imprimeur du Corps légiſlatif, place du Carrouſel, n. 662.

www.ingramcontent.com/pod-product-compliance
Lightning Source LLC
LaVergne TN
LVHW010909180726
843502LV00010B/4057